Este libro es presentado a:

_____

De:

_____

Fecha:

_____

Un niñito los guiará

Historia e ilustraciones
por John Pomeroy

Escrito por Greg Perkins

casa KIDS
A STRANG COMPANY

Un niñito los guiará
por John Pomeroy

Para más información comuníquese con:

El sello de libros para niños de Casa Creación,
Una compañía de Strang Communications
600 Rinehart Road, Lake Mary, FL 32746
www.casacreacion.com

Editora de libros para niños: Gwen Ellis
Texto editado por: Jevon Oakman Bolden
Traducido al español por: Lydia C. Morales
Director de Diseño: Mark Poulalion
Diseñado por: Bill Henderson

Copyright de historia e ilustraciones © 2005 por John Pomeroy

Todos los derechos reservados

Library of Congress Control Number: 2005927395
ISBN: 1-59185-826-7

05 06 07 08 09 10 * 9 8 7 6 5 4 3 2 1
Impreso en China

Dedicatoria

A mi querida esposa, Cami,
cuyas oraciones me guiaron a Cristo.

La multitud en las afueras de la puerta hacía mucho ruido. Se reían y hablaban como si fueran a ir a una fiesta. Mateo observaba mientras ellos se acercaban cada vez más a la espaciosa y maravillosa puerta. *Debe ser muy importante*, pensó él, *porque la puerta es muy grande*.

Estaba cubierta con hermosos tallados y colores brillantes. Mateo se paró de puntillas para ver al otro lado de la puerta, pero no alcanzaba a ver porque era muy bajito. No veía globos o piñatas o pasteles o sombreros graciosos ni pitos. Todo lo que Mateo podía ver… era sombras y oscuridad.

Mateo pensó que no era nada divertido. Así que se abrió paso entre la multitud. De pronto, vio otra puerta. Esta era completamente distinta a la puerta grande. Esta puerta era pequeña y sencilla, y no se veía tan importante.

"Quizás por eso es que nadie entra", dijo Mateo en alta voz.

Se volteó hacia la multitud y gritó de la manera en que, a veces, le gritaba a su pequeña y molestosa hermana: "¡Oigan, todos! ¡Hay otra puerta aquí! ¡Y no hay que empujar o esperar!". Pero nadie lo escuchó. Así que Mateo se encogió de hombros y fue a echarle un mejor vistazo.

Mientras se acercaba, Mateo vio a un hombre sentado al lado de la pequeña puerta. Parecía amable, pero un poco triste.

"Ese debe ser el guarda de la puerta", dijo Mateo. "Él sabrá lo que está pasando."

"Hola, señor", dijo Mateo. "¿Cómo es que nadie está usando esta puerta?"

El guarda lo miró y sonrió cariñosamente. "Quizás ellos no saben que existe, Mateo."

"¡Ah!, ¿cómo usted sabe mi nombre?"

"Porque yo sé todo, y conozco todo de ti. Estaba esperándote."

"¿Quién es usted?", preguntó Mateo.

"Mi nombre es Jesús, y quiero ser tu mejor Amigo. ¿Te gustaría ver lo que hay adentro de mi puerta?"

Mateo asintió y se asomó adentro de la pequeña puerta. Sus ojos se abrieron bien grandes, y su corazón palpitó aprisa. ¡Era el lugar más hermoso que jamás había visto! El cielo era más azul que cualquier azul. Los árboles eran más derechos y más verdes que cualquier árbol en la tierra. Y la calle que se dirigía hacia una ciudad brillante en la distancia no era negra como la calle donde él vivía, sino que brillaba como los rayos dorados del sol sobre el agua en un atardecer.

"Guau, ¡esto es grandioso!", dijo Mateo, luego miró a la multitud otra vez mientras luchaban por entrar por la puerta ancha. "Pero, ¿por qué no usan esta otra? Es mucho mejor."

"Ellos no la ven, porque ellos no creen tan siquiera que está aquí", dijo Jesús.

"Pero, ¡cómo es que no la ven! Si está tan clara como la nariz en mi cara", dijo Mateo.

"Lo sé", contestó Jesús con tristeza.

Ellos comenzaron a caminar hacia adentro, cuando Mateo se detuvo. "Jesús, ¿y qué si ellos no saben que tu puerta existe? ¡Quizás debiera ir y decirles!"

"¡Esa es una buena idea, Mateo!", dijo Jesús con una sonrisa bien grande.

Así que Mateo corrió nuevamente hacia la multitud tan rápido como sus pequeñas piernas se lo permitieron.

"¡Oigan, oigan, todo el mundo, escuchen!", dijo Mateo emocionado. "Hay otra puerta allá." Pero nadie prestó atención al niñito valiente.

"¡Ay!", dijo mientras alguien lo pisó.

Mateo chilló, más alto que nunca: "¡Escuchen! ¡Hay otra puerta, y no hay mucha gente, nadie empuja ni pasa nada!" Pero nadie le hizo caso.

Una vez más, trató de captar la atención de ellos: "Es bien bonito adentro. Jesús está ahí. Por favor, vengan conmigo", suplicó él. Pero la multitud continuó marchando hacia la puerta grande.

"¡Ahhhh!", gritó mientras casi lo hacían caer.

Mateo estaba ya por darse por vencido, cuando de repente un niño logró salir con dificultad de entre la multitud. ¡Luego salieron una niña y su amiguita agarradas de mano! ¡Mateo estaba tan emocionado!

"Hola chicos, ¿quieren venir a la otra puerta conmigo?", preguntó Mateo. "¡Es tan hermoso!"

"Sí, grandioso", dijeron los niños.

"Oh, sí", dijeron las niñas, "¡todo con tal de salir de esta alborotosa y molestosa multitud!"

"Entonces, vamos. Ustedes pueden conocer a Jesús. Él nos enseñará el camino."

Así que la pequeña banda de chicos y chicas siguieron a Mateo hacia la otra puerta.

Jesús estaba esperando por ellos. Con una sonrisa grande, vio mientras se acercaban. "Hola", dijo Jesús, "¿están listos para venir conmigo?"

Todos asintieron.

"¿Nos puedes enseñar el camino?", preguntó Mateo. Luego recordó sus buenos modales: "¿Por favor?"

"Claro que sí", respondió Jesús. Luego se inclinó y se acercó a Mateo. "Mateo, eso no fue fácil. Estoy orgulloso de ti." Luego Jesús les dijo a todos: "Vengan, pero recuerden que siempre deben estar bien cerca de mí a cada paso del camino".

Todos estuvieron de acuerdo. Así que Mateo y sus nuevos amigos caminaron bien cerca de Jesús. Lo escuchaban cuidadosamente y hacían exactamente lo que Él les decía. De repente, llegaron al más hermoso lugar que alguno de ellos hubiera visto jamás.

Era el reino de Dios, donde Jesús está con ellos por siempre y para siempre.

Queridos padres:

La historia de Mateo está basada en la parábola de la puerta ancha y la puerta estrecha. Es una historia de esperanza. No importa en cuál dirección vaya la multitud, y no importa si sus hijos puedan ser ignorados o no tomados en cuenta porque son cristianos, tendrán un mejor futuro que aquellos que nunca encuentren la puerta estrecha. Cuando su hijo o hija acepta a Jesús en su corazón, él forma parte del reino de Dios. Eso no es algo que ellos tienen que esperar a disfrutar cuando ya sean viejos y vayan al cielo. Ellos pueden comenzar a experimentar la presencia de Dios el mismo día que declaren su fe. Ese es un hermoso lugar para que su niño viva, porque está poniendo a Dios a su lado por el resto de su vida.